JN437833

가시연꽃

문학의전당 · 신작시집
가시연꽃

초판인쇄 2008년 11월 25일
초판발행 2008년 11월 30일

지 은 이 한명숙
펴 낸 이 김충규
펴 낸 곳 문학의전당
출판등록 제387-2003-00048호(2003년 9월 8일)

주 소 121-718 서울특별시 마포구 공덕2동 404번지 풍림VIP텔빌딩 202호
전화번호 02-852-1977
팩시밀리 02-852-1978
블 로 그 http://blog.naver.com/mhjd2003
전자우편 mhjd2003@naver.com

I S B N 978-89-93481-05-1 03810

가시연꽃

한명숙 시집

문학의전당

自序

생각만하다가
멈춘 길이 있었다.
내 것이 아니라고
누군가의 눈치를 살피면서
돌아선 그 길을 찾아갈 수는 없다.
하지만 이제는 생각을 멈출 만큼
시간이 많지 않다는 것을 알기에
넘치는 그리움으로 달려가고 싶다.
불길이든 물길이든

차례

1부

2부

3부

4부

1부

향기

무법자처럼 들어선 햇살
집안 구석구석 날아다니고
시든 풀잎 위로 떨어진 이슬처럼
손 내미는 정체를 알 수 없는 그,
이름을 물어본다
눈빛 맞추려 해도
여전히 주위를 서성거린다
햇살에게 물어봐도 모른다 한다
속눈뜨고 바라봐도
여전히 알 수가 없다

밖으로 나서니 넘어질 듯
뛰어와 안기는 그를 본다
언젠가 이름이 예쁘지 않다며
웃어 주었는데 나른한 몸
휘감고 새뜻한 향기로 다가와
물 내린 마음에 촉촉이 젖어들고 있음을

그의 이름은 쥐똥나무 하얀 꽃이었다

목버짐나무

묵언 정진으로
살갗 터지는 줄 모르고
겨우내 앓았나보다

꽃가루 날려
가려움증 깊어지자
톡톡 터지는 말문
흩어진 가지마다
연둣빛 말씀 듣는다

쉿! 쉿! 쉿!

삼월이 간다

빈 가슴 잡고 늘어지는
꼬투리 잠
주체하지 못하고
목덜미 붙잡혀
뒹굴다

늦봄 목련처럼
부러진
상심의 날들은 간다

소리가 쏟아진다

연둣빛 소리가
거리로 쏟아져 나온다
새벽길을 조심스레 달려온
봄비 소리에
네가 가고 없는 길들이
지워질까
돌아보는 내 눈에
저 소리들 눈부시다

길이 지워지고
길이 일어서는 동안

연둣빛 소리가

앉은 자리마다

길이 보인다

네가 가고

저 소리 들으러

숲 속을 달려온다

4월

에돌아 흐르던
마음의 물줄기는 잦아들었다
다 비우고 나면
하늘이 보일 줄 알았는데

산 벚꽃 붓끝을 휘두르자
와르르 쏟아지는 신기루 같은 너,

여기였던가
저기였던가
마음 가는 대로 부려놓은
상심의 날들
4월의 그림자를 밟는다

찔레꽃

보았다
금방이라도 총소리 들려올 듯한
민통선 지나며
흐드러진 찔레꽃 무리
툭 부러진 허리
가까스로 아문 상처 감추고
반갑다, 반갑다
온몸으로 달려들어
얼굴을 부빈다

뼛속까지 물드는 찔레꽃
소리 없이 죽어 간
영혼들이 살아나듯
지천으로 피어 울었다
해금강 바라보며 젖던 가슴
밤마다 찾아와 안긴다

노랑어리연

아가들의 입술
물 위를 걷는다
그 작은 눈빛
노랑노랑
노랗게 뜬 연못
웃음도 노랗다

활짝 핀 회산 백련지
내 마음 노랗게 물들려
찌든 영혼 풀어놓고 돌아선다

가시연꽃

네 안에 내가 있다고,
금세 주먹만 한 눈물 쏟아낼 듯
울먹이는 너를 보면서
믿을 수 없었다

보내지 않으려고,
집착 같은 투정이라고
애써 외면하고 떠나온 길
관곡지 연꽃 속에서 마주한다

얼마를 더 아파야
껍질을 뚫고 나온
저 황홀한 가시연꽃처럼
나를 사랑할 수 있을까
여린 듯 하면서도
단숨에 잡아채는 빛깔에 넋을 잃는다

배롱나무 꽃

그대가 내 곁에 있을 때는 몰랐지
내가 그대를 사랑하는지
죽어서도 아름다운 사랑을 말할 수 있을까
사랑이 영원이라 말하는 사람도
기실 알고 보면 사랑이 변할까 두려워
영원하다고 믿고 싶은 거지

봄이 가고 여름이 오면
우리가 이루었던 모든 것들이
더러는 잊히고 변하는 것일까

사랑은 저 혼자 살아가는 방법을 알아도
처음처럼 행동하는 거
저 붉은 백일홍 얼굴처럼
언제나 뜨거운 눈길을 보내올 테지

알면서도 우리는 속아가며
나만의 사랑은 영원하다고 믿고 싶은 거지
그렇게 다시 꽃을 피우고 지는 동안
또 다른 사랑은

태어나고 죽어 갈 테지

구월이 오면

구월이 오면
짓무른 마음도 푸르게 일어설 줄 알았지요
훌훌 털고 일어설 줄 알았지요
당신이 남기고 간 흔적처럼
때론 기쁘고 슬픈 것도
다 보듬어 줄 거라 믿고 싶었지요

구월이 오면
버릴 수 없었던 기억을 들추며
환하게 웃는 날 있을 줄 알았지요
그대의 빈 어깨에 기대면
잃어버린 시공 밖의 분노도
사라져 버릴 거라 믿었지요

구월이 오면
귀뚜라미 목 놓아 울어대는
달빛을 맞노라면
바람처럼 떠났다 돌아오는
그날이 올 줄 알았지요

꽃무릇

가냘픈 다리로 버티고 선 삶
네 안에 젖어있는
붉은 눈물이여
미친 듯 머리 풀어 헤치고
서럽게 울먹이며
사람의 가슴 흔들어 놓는 너
내 안의 무엇이 숨어 있기에
이리도 저며 올까
가슴이

청령포

서러움 풀어놓은 푸른 물길에
먼 얘기로 떠밀리는
가을을 바라보며
그대 품에 안겨
꽃잎 지듯
오늘이 가네요

내 여기 왔으니
물길 돌아가는 어디쯤
조그만 집 한 채 짓고
옷고름 풀어 임을 맞듯
그대 품에 별빛처럼
반짝이고 싶네요

압화

꺾이고 눌려 온몸이 바스라지는
고통을 겪은 뒤에야
영원히 살아있는 꽃으로 태어난다는 것을
목젖이 붉거지도록 외치는 믿음
한순간 바람처럼 사라질 것이다
누가 저 바람을 잠재우고 새 길을 열 것인가,
목숨을 앗아가는 고통쯤이야
한쪽 눈 질끈 감고 견뎌 줄 테다
세상에 독불장군은 없다
늑골을 누르던 하루의 노동
한 잔 술로 잠재우며
아버지,
한 송이 꽃으로 피었네

겨울 낙조
—대천에서

누구의 손길이 닿았는가,
무쇠 솥 하나
두둥실 떠 있다

터질 듯 몸 불리며
내, 려, 선, 다
말문 닫아걸고
아랫도리 내 준 바다
벌겋게 달아올라
훨훨 타고 있다

해가 뜨고 해가 지는
질긴 끈 움켜쥐고
건너 온 길,
핏빛으로 물들인 세상
놓아야 할 때를 알고 있는
황혼의 눈빛 가득
쇳물이 끓고 있다

그리움은 꽃이다

불처럼 뜨거웠다
시들해지고
피었다 지고
새싹처럼 돋아나는
나도 아닌
너도 아닌
그림자다

너와 나를 잇는 줄이다

2부

풍경

뭉툭한 숫돌 비스듬히 뉘이고
왼손잡이 사내가 칼을 갈고 있다
칼자루 잡은 왼손
칼끝 잡은 오른손
마주보는 둘의 적당한 거리가 팽팽하다
오르락내리락,
제 살 깎아내며
헤쳐 나가는 길목이 훤하다

칼날 파랗게 번쩍이는 순간,
제 살 깎인 줄 모르는 숫돌
마당 흥건히 쇳내를 토해낸다
사내의 이마에 흐르는 땀
바짝 여문 햇살 붉은 빛으로 세우고
칼날에 반듯하게 썰린
시간의 그물 빠져나가
생의 나이를 쥐었다 편다

탄생의 소리

봄 햇살 한 줌에 가슴 터질 듯
뜨거워지는 몸뚱이
영혼까지도 쩔쩔 끓던
화마 속에서
밤마다 읊어대던
한 줄기 빛,
세상 밖으로
발걸음 옮기던 순간
도공의 숨결
꽃을 피운다

밤마다 숨고르기 하던
불꽃의 알갱이들이
생명의 실핏줄 엮어내면
육신을 빠져나가는
고통의 그림자
똑, 또르르, 똑

움켜쥐려는 욕심만으로
채워짐을 바라는 무리

겁낼 것 없어
하늘빛 웃음 한 자락 풀어 놓으면
나만의 향기 있으니

치킨 버거

롯데리아 새 천년맞이 보너스 대축제
1999. 12. 1 ~ 1999. 12. 31
치킨 버거 1990원-치킨 버거 990원

주인아저씨 주름살
숫자에 놀라 나도 모르게
이 한 몸 바치노라 다음 생을 약속했지요
그 약속 할인되는지 아무도 모르지만
아줌마 아저씨 나 좀 봐 주세요
펄펄 끓는 기름 속으로 잠수하면서
짜 자잔, 짜 자잔, 애교 떨지만
노랗게 뜬 부석부석한 얼굴로 나와
그래도 한마디 잊지 않는다
부드럽죠, 맛있죠, 많이많이 사랑해 주세요

밧줄

전생에 줄 타는 어름사니였나
건물을 집어 삼킬 듯 바람이 분다
허공에 길을 내고 있는 사내
대답 없는 이력서를 들고 계단 오른다
뿌리째 뽑힌 전봇대가 되어버린 사내
흥정은 가파르다

사내의 하루 번뜩이는 칼날처럼
날을 세우고 앞만 보고 달렸다
건물과 건물 사이
뜨거운 입김 토하며
시큼하게 채우던 땀방울
손끝이 스치긴 유리창
세상 허기도 분기도 다 지우고
시퍼런 칼날 숨기듯
출렁,
밧줄이 내려온다
사내의 목덜미 시퍼렇게 힘줄이 돋는다

거미

눈을 뜨고도 볼 수 없는 미로
어둠을 열어가듯 길을 내고 있다
내가 보고 있다는 것을 눈치 챈 것일까
앞 사람의 등산화 밑으로 자취를 감춘다
가슴이 뛴다
그가 움직이면 거미는 비명횡사를 할 터
원치 않는 죽음의 순간을 목격해야 한다
전철은 동대문운동장을 지나고 있다
무슨 말을 하고 싶은 것인가
자꾸만 시야에 들어왔다 사라지는 거미

이제 찾아가도 흔적 없는 고향집 울타리
제집처럼 허공을 가르던 거미줄
그 여린 창살에 위태하게 매달린
아홉 식구의 숨결이 울고 웃던 시절
끝내 전셋집을 전전하며
감출 게 없는 초가집 싸리문이 그리웠다
거미는 지금
뿔뿔이 헤어진 가족을 찾아 나선 것은 아닐까
끝내 거미는 집을 짓지 못할 것이다

누군가의 발밑에 생을 마감하고 말 것이다

도마

내가 그동안 누군가를 향해
하나 둘 눈금을 세 듯
누군가도 나를 향해 그 짓을 할 수 있다는 걸 알고 있습니다
당신은 내가 저지른 일을 추궁하지만
나도 쉽지는 않았어요
마음에 들지 않는, 함께하고 싶지 않은
더러는 죽이고 싶도록 미운 상황이어도
싫다는 내색 못하고 그들을
내 위에 올려놓아야 했으니까요
그런 나를 견디게 했던 것은
맡은 역할을 아낌없이 해내는
날카로운 칼날의 수고였지요
그가 내 등을 후려칠 때면
죽음보다 더한 고통이라도
짧은 순간 희열을 느끼곤 했지요
내 위에 쓰러지는 최후를 보는 건
내가 살아있음을 확인하며 눈을 감았지요
이제 당신이 나를 올려놓고
무엇을 기다려도 될까요

고단한 하루

오후 6시가 가져다주는
알 수 없는 편안함이 아이에게도 전해진 걸까
알아들을 수 없는 노래를 부르는 아이의 목소리가
내 굳은 혈관을 두드리고
딱딱한 어깨 위로
하루가 소리 없이 내려앉는다

부드러운 목소리가 아이를 부른다
엄마!
아이는 외할머니의 고단한 하루를 훌훌 털어버리고
엄마의 품속으로 파고든다

엄마가 돌아오던 복도를
터벅터벅 외할머니가 걸어가고
아이의 목소리는 더 이상 들리지 않는다

공사장

쌓아올린 벽돌이 울음을 삼킨다
한 장 한 장 벽돌을 옮길 때마다
핏빛으로 흘렀을
부르튼 삶

헝클어진 각목 사이를 지나다
못을 밟았을 때도
사내는 일손을 멈추지 못했다

사방 조여 오는 눈빛
그 눈빛에 정을 맞고
행여 쉬게 될까 봐
머릿속은 캄캄했다

낡은 작업화 속 흥건하게 적시는 핏물
뻑뻑 담배만 피우는 사내
깨진 유리조각에 비친 자신의 얼굴을 본다

낮달처럼 핏기 없는 사내를 기다리는
아들의 투명한 웃음

김씨, 거기서 뭐하는 거야!
절뚝이며 달려가는 사내의 등 뒤로
그림자가 주춤주춤 따라 간다

새벽시장

혼자 주눅 들고
진창에 뒹군다고
세상이 날 버렸다
섭섭하거나
분노하지 말라

공수표 날려도
주목받는 두꺼운 얼굴들
웬만한 사건은 참기름을 바른 듯
요리조리 잘도 빠져 나가고
여기저기 불러주는 곳 있어
거침없이 산다고

인간사 어지러운 것
그들과 나의 길이 다르다 해도
돌아보면 한 길인 것을,
혼자 쌓고 부수는 집일랑 짓지 마라
눈물도 사치스러워
뼛속에 감추고
평생 악다구니 하면서도 웃어야 하는

저들의 삶을 들여다보라

물소리

새파랗게 질린 그녀
먼발치서 바라본다
거리가 가까울수록
심장 소리는 물빛처럼 파랗다
오래전 잊은 전화번호가
낡은 전화기를 향해 쏟아진다
거리를 오가는 사람들의 이야기도
물먹은 솜처럼 젖어 있다
뼛속까지 가득 찬 외로움
스러질 듯 그녀가 오고 있다

나뭇잎에 매달린
투명한 물방울
시야가 뿌옇게 흐려진다
갑자기 그녀의 몸에서
시퍼런 울음이 솟구친다
검은 옷을 입고 나타난 장정들
그녀가 몸부림칠 때마다
주위는 어둠으로 물들인다
그 어둠을 조각내는 불빛이 지나간다

그녀의 깊은 눈 속에 뿌리내린
슬픔의 가지들이
세상 밖으로 빠져나오려는 몸짓
'장마전선 북상 중'
헤드라인 기사를 삼켜버린다

영등포시장

자, 천 원 떨이! 몇 개 안 남았어요.
목젖이 찢어져라 외치는 상인들
칼날을 밟듯
생의 막다른 골목으로 몰린 그들이
물건을 들이댄다
등 뒤에 비수를 꽂을 듯
따라오던 삶의 악다구니가
성큼성큼 앞서 걷는다

골목길이 숨죽이고 누워있다
눅눅한 눈빛 받아내며
찰랑찰랑 차오르는 빗물에 잠겨있다
생의 이력을 뒤집듯
내가 걷던 길들이 휘청거리다 사라진다

허름한 식당
퀴퀴한 냄새가 배어있는 곳
술잔을 기울이고 있다
그들 앞에 놓인 하루가 내장탕처럼
벌겋게 달아 올라있다

산낙지

진두포구 수협공판장
녀석은
사방으로 다리를 뻗쳐 더 단단히
도마를 움켜쥐고 외친다
소리 없는 외침,
투박한 아낙의 손
단칼에 목이 잘린다
지친 몸뚱이에 거품이 일고
비밀을 들킨 것처럼
온몸으로 버티는 몸부림 뜨겁다

노숙자 쉼터 구석진 자리
공허한 눈빛의 사내
지난 세월은 뜨거웠다는
피멍 든 절규가 파도를 친다
사내의 억센 손끝에서 미끄러지던
세월이 접시 위 눈도 없이 두리번거리는
낙지 토막을 한 입에 삼킨다

소리도 방학이다

치맛자락 붙잡고 칭얼거리며 매달리던 녀석을 보냈다
이별은 서럽다는 것은 옛 얘기다
곰돌이도 겨울잠을 자고 이제 너희들도 깊은 잠에 빠지겠지
다시 만나는 날까지 건강하라는 비열의 악수!
아침이면 온 집안을 날아다니던 너희들
이제 조용한 휴식을 맞아 하얀 눈 속에 온몸으로 녹아들겠지
개구쟁이 녀석들 두 볼이 빨갛게 물들도록 뛰어다니며
이 겨울을 노래하면 잠자던 나무들 잠깨지 않을런가 몰라
이제,
나 도 두 눈 꼬 옥 감 고 깊 은 잠 속 으 로 들 어 갈 까

눈 오는 날

한 움큼의 평화와
한 아름의 행복으로
늦은 저녁을 말아 먹었다
하얀 깃발 나부끼며
총알처럼 쏟아져
허락도 없이 식탁에 앉는다
김치 한쪽 베어 물고
입안 맴도는 평화 오물거리다
탐스러운 함박눈 한 대접
빨간 고추장에 비벼 먹는다
형광등 불빛보다 밝은
맛깔스런 시간이 흐른다
가슴에선 북소리 울려 퍼지고
풍선처럼 떠다니는 총알 자국
하얀 깃발 흔들며
지친 하루를 잠재우고 있다

3부

설운 목소리

얼어붙은 강을 바라본다
어디로 흘러가는지
알 수 없는 세월
푸른빛 속내를 드러내고 있다
장마에
농사를 망친 아버지
사나흘 집을 비우셨다 돌아와
금강에 갔었는데
너희들 얼굴 떠올라
차마 포기하지 못하겠노라던
설운 목소리가 얼음장 속 어딘가
숨어있는 것 같아
살갗 파고드는 추위도 감각이 없다
흔적도 없이 사라진 고향집
이젠 어디에도 없는 아버지의 가난
아픈 기억은 가져가지 못하였던가
금강휴게소 바람

구두

뿌연 먼지만 뒤집어쓰고
버릴까 말까
버릴까 말까
날마다 대박의 역전을 꿈꾸는 눈빛
아프게 하는 얼룩진 세상
차마 버리지 못, 하, 고,
못, 하, 고,

댓돌 위에 놓여만 있어도
세상 모든 일 척척 해낼 것 같던
아버지의 흰 고무신처럼
너의 존재를 내 안에 들여놓고
그 무엇도 부럽지 않은
잘 다듬어진 몸매
비바람에도 뽑히지 않을
뿌리 깊은 나무처럼 든든했던 너,

어느 덧 중년의 나이 들어
불룩 튀어나온 뒤축에 실린 삶의 무게
아릿한 슬픔으로 휘청거리고

멀쩡한 길들이 쿨렁거리고
너의 웃음 뒤에 숨은 어두운 빛
고춧가루 한 움큼 뿌린 듯
주변 공기마저 붉게 떨고 있다

어금니를 깨물어도
문틈 사이로 들어오는 실바람에
온몸엔 소름이 돋, 아, 나, 고,
돋, 아, 나, 고,

부서진 꿈

한 잔의 로즈버드 커피와 햇살을 섞어 허기를 채운다 따뜻하다 어머니 자궁 속처럼 편안한 느낌이 온몸으로 퍼졌다 창밖엔 벌써 알몸인 나무들이 하나 둘 보이기 시작했다 눈이 부시다 그 속에 나를 그려 넣고 싶다 하얗게 웃으며 손짓하는 나무를 본다

출산의 고통을 알리듯 자지러지게 울어대는 전화벨, 남편이었다 병원에 다녀왔냐며 묻는다 아! 어디에 숨어 있었을까 턱을 괴고 눈 맞추는 앙증맞은 모습 내 편이 되겠노라며 바라다본다 꼬옥 안아 주고픈 감정이 살아난다 예쁜 머리핀을 볼 때마다 물결 그리던 야릇한 감정이 욕심을 부리고 있었음을 들키고 말았다

손을 내밀어본다 설레는 마음을 포장하며 사느란 기운에 벗나가는 아이의 울음소리 환영처럼 나를 때리고 지나간다 솔 벨로* 84세에 득녀라는 기사를 읽으며 눈처럼 하얗게 부서지는 마흔 살의 나를 본다

*솔 벨로 : 1976년 노벨문학상 수상, 미국 소설가. 1999년 12월 23일 84세로 41세의 부인과의 사이에 딸을 낳았음

여름 강

뜨거운 몸뚱이로 울었던 시간
모난 돌을 다스리며 달려 온 강
백발의 장모와 사위가
나란히 강을 바라보고 있다

쪽진 머리에 은비녀 기울고
마른 풀처럼 앉아 강물만 바라보는
칠순의 사위가 건너야 할
강물의 깊이가 사위어진다

햇살에 익어가는 두 얼굴
눈가에 물비린내 묻어난다
말없이 흐르던 강물이 길게 늘어지며
벌겋게 익은 얼굴을 지켜본다

마른강아지풀 바람 따라 강으로 기울고
새들의 헛기침은 석양 속에 저문다

아버지

겨우내 외양간에는
황소가 벗어놓은
아버지의 세상이 뒹굴었다
펴지지 않는 조막손으로
가난한 삶을 지켜가는 세상이
두엄처럼 켜켜이 썩어갔다
졸음에 겨운 봄볕도 쇠스랑 소리
퀴퀴한 두엄을 퍼내는 동안
내내 아지랑이는 피어올랐다

세상을 짊어지고 사는 동안
온몸에 두엄 냄새를 품고도 막걸리 한 사발에
한 가닥의 행복을 움켜쥐곤 했던 아버지,
기둥이 썩는 줄도 모르고
칠 남매는 나팔꽃처럼 줄기를 뻗었다
뼛속이 문드러지는 줄도 모르고
등이 굽도록 등짐을 지던 고통은
꽃이 피기를 기다리다 세상을 놓아버리고
썩는다는 것을,
다시 피어난다는 것을

말하지 않고도 슬프다 말하지 않고도
몸으로 가르쳐준 아버지는 지금
흙 속의 흙이 되고 있다

오창을 지나며

목령산에 눈발이 날리면 세상은 온통 행복한 꿈속 같았지요 당신의 기침소리 새벽을 가르면 마차는 달렸지요 지금도 겨울이면 어디선가 달려올 듯한, 당신의 목소리와 마차 소리가 마냥 그리워집니다. 남은 잠을 붙잡고 이불깃 들어 올리던 어린 제게도 유리알처럼 미끄러운 길 위를 달리는 당신의 아침이 내내 걱정스럽던 골목길, 당신만이 세상을 지키는 사도가 되어 달리시던 그 길은 번듯한 고속도로가 되었지요 목령산그늘이 드리운 오창

친구

가장 낮은 곳에 눈 맞춤하고
그들에게 따뜻한 눈빛 나눠주는
달빛 같은 그녀
기차가 지나가는 철길 옆
함박웃음 가득히 창밖으로 밀어내고
병마와 싸우고 있다

잘했다, 잘했다
내 등을 쓰다듬는 하루가
꽃등을 켠다
천일홍 붉은 꽃처럼
서로의 마음에 불씨를 나누고
돌아오는 길
세상의 꽃들은 다 친구가 된다

쌀자루

모내기를 남의 손에 맡겨
어렵사리 마련한 알곡
다달이 먹을 만큼만 찧어 보내주마 하던
홀아비 손때 묻은 쌀자루
베란다 구석에 비스듬히 기대어
무슨 생각을 하고 있을까,

칠월 장마 거친 숨소리에
눅눅해진 주둥이를 열자
화르르 날아오르는 날갯짓
아득하게 잊었던 젊은 날
세상이 휘청거리듯 마셔도
멀쩡하던 두 다리
영강, 너른 들판을 휘저었던
그날을 기억함인가,

날아오르자
훨훨 날아오르자
홀아비 꺾이고 꺾인 삶,
차라리 팽개치고

날아오르자,
날아오르자
창문에 부딪혀도
또 다시 날아오를 아득한 자유여!

지문이 닳아버렸다

잘생긴 무를 토막 낸다
거뭇거뭇 드러나는 실핏줄
군데군데 옹이로 박힌 까만 점,
이리저리 도려내고 남은 몇 토막
등 푸른 생 고등어 양념장 얹어 졸인다

훤칠하고 맑은 눈 첫눈에 마음 닿은 사내
8남 1녀 막내며느리로
부모님 모시고 욕심 없이 살아낼 것 같았다
고추당초보다 더 맵다는 시집살이
눈물도 아픔도 투정 없이 삼키고
작은 틈새도 만들지 않으리라 믿었다
눈가에 실금 잔주름 늘어도
머리에 희끗희끗 탈색 되어도
웃음만 퍼트리는 훤칠한 사내,
초음파 검사에 걸려 든 세월의 흔적
내시경으로 들여다보다 내려앉던 마음
자글자글 국물로 졸아들었다
그래도 로맨스그레이라고 우기는 사내
고등어 살점보다 푹 무른 무를

맛있게 먹는 사내는 모른다
지문이 닳아버렸다는 걸 알아버린
내 가슴이 붉어졌다는 걸

무우

동상의 댁 내 맴이여 암말말구 가져가
내가 자네에게 줄 게 이것밖에 없네
황토에서 자랐으니 맛이 다를 겨
값으로 치면 별 것 아니지만 묵어봐

정부미 자루 아가리가 터지도록
팔뚝만 한 무우를 담아준 시누이
갈무리한 잡곡이며 김장거리
나눠주느라 손이 모자란다
잘 살아줘서 고맙다 등 두드려주는 투박한 손,
막힌 체기를 뚫어준다
쩍! 찰진 속을 드러내는 무우
시누이의 종종걸음이 길러낸
흉내 낼 수 없는 소리
맑은 국물에 몸 풀어도 한결같다

우로실 골짜기를 맴돌던 누이의 목소리
겨울밤 동치미국 얼음처럼 맑다

착각

친구라고 생각하니 편하고
애인이라고 생각하니
애틋하고 그리워지는

그럭저럭 살다보니
목젖 붉어지게 싸워도
지나고 나면 고맙고 소중한 사람

더러는 아름답기보다는
원수처럼 으르렁거려도
그래, 그렇게 세월처럼
살자는 말에
스르르 콩깍지 씌우고

살아간다
살아가는 거야

훈이 엄마

내가 미쳤지 미쳤어 마누라보다
술을 더 좋아하는 빌어먹을 인간
이년의 팔자 닮을까 무서워
딸을 낳으면 팍 엎어놓을까 했지

방망이질 멈출 날 없는 훈이 엄마
북어대가리 두들겨 북엇국 끓이는 냄새
소문처럼 퍼져 나갔다
숙아 너는 술 안 먹는 사람 골라 시집가거라
초장부터 콱 잡고 살거라
사흘이 멀다 하고 술에 젖어 고꾸라지는 남편
북엇국 끓여대느라 손마디 성할 날 없던
문간방 훈이 엄마
지칠 줄 모르고 동네고샅길을 누볐다

–금슬은 그만 인거라
내 같으면 도망을 가도 골백번은 갔을 낀데–
말도 많고 탈도 많은 시골동네
한마디 대꾸도 없이 북어만 두들겨대던 훈이 엄마
바람처럼 떠난 지 이십여 년,

야야, 지난 해 훈이 아베가 죽었다
불쌍한 훈이 엄마 어디서 잘 살고 있는지,
펄펄 끓는 육개장 벌건 국물 위로
둥둥 뜨는 훈이 엄마 방망이 소리
아련한 기억 속에 서 있다

가을남자 1

뚝배기에 시래기 넣고 펄펄 끓인
뜨끈한 걸 먹고 싶다는 문자가 왔다
늦가을 아침이 외로운가보다

겉보기엔 수리산 돌 바위 같아도
속으론 병들어 있는 중년의 사내들이
이 가을 쓸쓸함을
뜨끈한 국물로 삭히는 자리
푹 삶아 적당한 맛이 밴
돼지등뼈를 마주앉아 뜯는다
푹 무른 시래기도 게걸스럽게 먹는다

속으로 아파하는 것보다
마음으로 병드는 것보다
사랑하고 사랑해 달라는 말보다
이해해 달라는 말보다
목젖을 시원하게 쓸어 넘기는
시골장터 구수한 국밥 같은 남자

가을 남자 2

무슨 생각을 하고 있을까,
잃어버린 그때를 생각하고 있을까
바람이 불 때마다
바바리코트 자락이 춤을 춘다

젊은 날 그의 하루는
보름달처럼 밝았으리라
곱게 빗어 올린 머릿결
부드러운 눈매
흐트러짐 없는 차림새
길이 없는 세월에도
담담하게 걸어갈 것 같은 뒷모습

붉게 물든 단풍 아래
한 장의 오래된 벽화처럼 서 있다

지난 삶을 저울질하며

가을볕 성큼 들어 선 거실에서
중년의 사내와 마늘을 깐다
경상도 남자는 보리문둥이라며,
검은 머리 세는 게 빠를 것 같은
사내는 환하게 웃는다
꼭 다문 입 열지 않던 마늘
하룻밤 물에 불리고
고단했던 시간을 벗는다
밤새 입을 열면 안 된다는 다짐
꾀죄죄한 껍질 벗어 던지고
속으로 짓무른 향내 무겁게 내려놓는다

사내가 짊어진 생의 무게
스케이트 칼날 같은 현실에 찌든
사내의 시커먼 손톱,
눌어붙은 기름때
마늘을 까는 동안 엷어진다
지나온 삶을 저울질하듯
자꾸만 사내의 손끝에 시선이 닿는다
아픈 시간 더듬으며 비켜설 수 없는 가난

딱딱한 흔적만 남을지라도
꽃이 피고 떨어지듯
바람을 끼고
가을볕이 통통하게 익어간다

삶의 흔적

날아야 한다는 일념으로
사방으로 날아다닌다

쌀자루 근처를 배회하며
날이 갈수록
날갯짓은 활기를 찾는다
동, 서, 남, 북
어지럽게
공간을 넘나드는
날갯짓

그러나 틈새는 있는 법
소리 없이 쓰러지는가 싶더니
이내 일어나 날아오른다
세상에 포기할 삶이 어디 있단 말인가
두 번, 세 번
허공을 가르는 손짓이 지나간 자리에
가루가 묻어나고
그래도 신들린 듯 버둥거리는
나방의 흔적이 아름답다

웅얼웅얼

창호지 틈새로
스며들던 바람
이불 속으로 기어들지 못하고
추워도 춥다 말 못하고
웅얼웅얼
너는 문밖에서 밤새
혼자 주문만 외우다 갔다

그게 아닌데
아무리 이해하려고 해도 그게 아닌데
섭섭하다 말 못하고
웅얼웅얼
가슴으로 밀어 넣은 말들이
어느 틈에 돌기가 만들어져
관절마다 틀어쥐고
두들겨댄다

동창

화서역 앞 마포숯불구이
숨 가쁘게 타오르는 지난날의 이야기
비틀어진 웃음 속에
물기를 눈가에 담으며
이십여 년 모퉁이를 돌아
커다란 보퉁이 하나씩 풀어놓고 있다
가을 운동회에서 다람쥐처럼 달리던 상숙이
눈빛만 마주쳐도 얼굴 붉히던 진이
이젠 서로 이름을 부르고 술잔 기울이며
어깨를 들썩여 낄낄대도
부끄럽지 않은 사이가 되었다
말하지 않아도
가르쳐 주지 않아도
서로에게 꼭 맞는 자리를 잡고 있었다

4부

버릇

문고리가 꽁꽁 얼어붙던 겨울밤
별들이 쏟아져 가슴을 붙들어
아홉 살 계집애의 눈빛도
어느 사이 별이 되어
욕쟁이 할머니의 옛이야기를 듣는다

눈발처럼 조용히 쌓이는 언어는
봄날 마른 가지를 비집고 움트는 새싹처럼
아픈 문풍지 사이로 밀고 들어와
가슴을 휘젓고
새처럼 문장을 만들어갔다

달빛에 눈물이 배여 목이 꺾인다던
어느 시인의 생애를 훔쳐보며
나의 가슴은 신열로 뜨거워진다

엄마

검은 눈 껌벅이며 먹을 것만 주면
꿀꿀대던 돼지들
불볕더위에 똥칠하고 누워 있었다
싱싱한 풀을 주고
삶은 보리쌀을 주어도 반기지 않았다
수도꼭지를 틀자
돌돌 말린 꼬리 흔들며 반겼다
역겨운 우리를 치울 때 시키지 않아도
슬금슬금 자리 비켜주던 돼지들은
스물셋 젊은 엄마의 발자국소리를 따라다녔다
돼지 똥 치우고 새끼 우윳병 물려가며 모은
결혼자금 오백만 원,
한 식구처럼 십여 년을 살던 한씨 아저씨가
떼어먹고 야반도주했어도
어미돼지 죽은 날보다 슬프진 않았다
어미 잃고 한쪽 구석으로 몰려가
끙끙대는 새끼들 지키는 일보다 힘들지 않았다
필요할 때만 손잡아주던 사람보다
젊은 엄마 땀 흘린 만큼 새끼 쑥쑥 낳아주던 돼지
돌돌 말린 꼬리 흔들며 꿀꿀대던 소리 듣고 싶다

질경이

짓밟혀도
잡아 뜯겨도
주저앉을 수 없으리
다독이는 법 아느냐
묻지 마라
끝나는 일 아닌 걸
따진다고
돌아갈 순 없지 않은가

겉만 보고 달려들어
펴놓은 어제와 오늘
휘어 잡혀도 당당할 수 있으면
이디인들 기칠 것 없으리라
먹혀줄게
밟혀줄게
맺힌 거 있음 풀고 가지
함부로 흔들지 마라

몸살

지워버린다
세포마다 지나간 길

바늘구멍도 허락하지 않고
샅샅이 훑어버린
지독한 열,
무엇으로도 잠재울 수 없다

드러내놓고 견디는 것만이 길이다

침묵

소중했던 시간마저
흔적조차 없이 지우는
오래된 침묵을
누군가 와 두들겨다오
꽉 다문 입을 벌리려고
생각의 뜰에서 서성거리는 동안
그대는 바람처럼 가버리고
내 젊은 기억도 사라져간다

늙은 오후가 서성거린다
길은 눈앞에서 휘어졌다 사라진다
돌아보면 직선의 길만 고집했던
설익은 기억들만 가득하고
수다스런 이야기들이 뭉쳐진
빛바랜 사연들만
우두커니 서 있다

누군가 이 침묵을 두들겨다오

틈

불타는 마음을 알면서도
돌아앉은 그대는
긴 가뭄으로 몸살을 앓는다
버거운 삶의 흔적들이
앙금 저린 빗금으로 길게 눕는다

갈라 터진 생의 이력을
뒤집고 싶은 마음이야
너와 나의 가슴으로 불어오는
시린 바람을 눈물로
대신할 수 있으면

소리 없이 다녀온 길을 따라
돌아갈 수 없는 지난날의 시간이
낙엽처럼 다녀간다

폭포

아득히 바라보는
그대에게
사랑한다 말하지 못하고
돌아서면 금세
가슴 미어질 걸 알면서도
덤덤하게 돌아오는 날
언제나 그랬듯이
하늘 문이 열리는
물기둥으로
그대에게
쏟아지고 싶어라

여기가 좋겠네

짙은 녹음 속으로
유월의 햇살 숨어들고
팔당대교 지나
양평 가는 길
물비늘 펼치는 강물 따라
벌집무늬로 흐르는 생각
앞서 달리다 멈춘다

–여기가 좋겠네–
양평휴게소 간판

세상에 던져진 목숨
그렁저렁 살다 약속 없이 가는 곳,
네가 모르고 나도 모르는
마지막 한마디 남기고 갈 수 있는 곳
–여기가 좋겠네
팔당대교 지나 양평 가는 길
무심히 지나치면 찾을 수 없는
아득한 숨소리

승부역

숨 막히게 달려드는 눈발
피하지 못하고
움츠리고 선 그곳에
미처 다가서지 못한
마음 안고
돌아오는 길

그대가 보낸
전설 속의 사랑
세월의 간극을
거스르지 못하고
죽음보다 더 고요한
세평 하늘

흔적

따뜻한 물에 목욕하고
안 하던 마사지도 하고
로우션으로 마무리 해줘도
까칠하게 각질만 일으켜 세운다

제까짓 게 아무리 그러한들
발바닥 인생인 것을
웬만하면 고맙게 생각하고
지그시 눈감고 따라와 줄 것이지
밤마다 심사를 뒤집어 놓는다

툭하면 스타킹 고운 결을
틀어쥐고 구멍을 내기가 일쑤다
불뚝 성질을 부리는 못된 사내같이
에라, 될 대로 되라
흰 양말에 붉은 핏물 들여도
모른 척 돌아누워 눈 감아 버린다

죽어라 노력해도 자꾸만 엇나가는
생의 굴레가

숱한 그림자를 남긴다

눈물

아무도 모르게
꽁꽁 묶어 가슴 깊이 박아두었다
다시는 꺼낼 일이 없다고
세상 밖으로 불러내지 않을 거라고
꼭꼭 숨기며 살았다

그런데 예고 없이 그것들은
가을빛 물드는 들녘을 가로질러
손 흔들며 달려온다
어쩌란 말인가
터질 듯 안겨오는 허무,

내 안에 잠든
또 다른 나의 숨죽인 모습이
오래전 그 모습으로
어깨를 감싸는 가을의 광란이여

참깨를 볶으며

불 조절을 잘해야 혀
노릇하게 볶아야 고소한 향이 나는 겨
참깨를 볶을 때마다 듣던 말
센 불로 신고식을 치른 참깨 말갛게 웃는다
세상사 아등바등할 일도 없다 하다가도
톡톡 튀어 오르는 참깨,
불꽃을 낮춘다
주걱이 움직일 때마다
눈부신 햇살에 귓속 스멀거리던 소리
천둥소리에 벌벌 떨던 가쁜 숨소리
통통하게 물오른 알맹이 자라는 소리
버리자, 버려서 잊어버리자
노릇노릇 익어 가는 밀고의 소리
밤마다 되뇌던 심중의 언어가
불쑥 부풀어 나오려 한다
마흔다섯 해, 참깨 알처럼 만난
셀 수 없는 인연
아프지 않게, 드러나지 않게, 잊혀지지 않게,
내 안에 맞아 지키고 싶은 자리 돌아본다

내소사

전나무 숲길을 걷는다
가시 돋친 내 안의 울림이
하나 둘,
삐죽삐죽 걸어 나온다

내소사 꽃 창살 무늬에
스르르 열리는 마음의 문

기와불사에 가족이름 올리고
돌아 나오는 길
노란 웃음으로 반기는 복수초!
범종소리 들으며
삭풍을 견뎌 낸 꽃잎 속
내 안의 울림 씨앗으로 심는다

강물

시작도 끝도 모른 체
끝없이 솟구쳐
범람하는 강물
내 안에 있다

그 눈빛
누구던가,
저 혼자 흐르던 시간 멈추고
함께 머물던 모든 것들

숨결 고르며 걸어도
다가가지 못하는
내 안의 너!

흐르는 곳은 알 수 없지만
끝내 가야만 하는 길

갈팡질팡

하늘과 산과 강이 詩인데
어쭙잖은 글을 쓴다고
툭하면 자판이나 툭툭
두들겨대니
금방이라도 펑
소리를 내며 터질 것 같아
가슴을 쓸어안는다

날이 저물어
하루가 가고
해가 바뀌는 동안
점점 깊어가는 병
그 허허한 병증을 치료할
불씨를 찾아
귀뚜라미처럼
밤마다 울어대는 애꿎은 자판
낡은 글자판 사이로
숨어든 긴 한숨의 날들이
빗소리로 찾아들어
가슴을 쥐어뜯는다

백담사에서

가을비에 길을 잃었다
계곡 물소리 따라
발길을 돌린다

여보세요, 여보세요
나를 부르는 소리
누군가 손을 내저으며
걸어오고 있다
버리려고 덜어낸 내 안의 욕망들이
저들끼리 모여 나를 따라오고 있다
아뿔싸,
기와불사에 아무렇게나 써내려 간
글씨들이다

버리려 해도 버리지 못하고
살아가는 동안
밥숟가락처럼 들고 다녀야 할
너와 나의 자화상
백담사 계곡물에 씻고 씻어도
벗겨지지 않는다

변산바람꽃

둥근 허리 끼고 돌아서면
보일 것 같은
그대의 수줍은 미소
귓불 간질이는 바람결에
살랑대는 그대의 머리카락
바람모퉁이 돌아서며
연둣빛 향기로 다가오네
바람 따라 떠난 그대
바람모퉁이 찾아오는 날
나 그대 부름에 달려오리라
변산바람꽃

상처

그리운 건 자유뿐이었다
일기장에 쓴 내 시를 본
시인의 말이 약이 될 줄은 몰랐다

운동선수가 시를 써요
십여 년을 넘기도록
그 말은 나를 끌고 다녔다
언젠가 그 말이 나를 울릴지 모른다는
막연한 오기가
든든한 버팀목이 되어주었다
깨닫는 데 십여 년이 걸렸다

해설

연민과 파괴의 아름다움

김윤배(시인)

한명숙 시인은 성찰과 열정의 시인이다. 그녀는 자신을 지극히 사랑하면서도 언제나 자신과 불화한다. 불화는 자신에 대한 되돌아봄이며 사려 깊은 반성이다. 그러므로 그녀의 시편들은 정교한 파괴의 역학이며 열정적인 사랑이고 뼈아픈 자기부정이며 파괴 대상에 대한 연민이고 영속하는 것에 대한 의문이다.

'사내와 칼날' 은 한명숙 시의 중심 언어이다. 사내로 상징되는 힘과 사내로 치환되는 세월은 그녀에게 연민의 대상이며 사랑의 원형질이다. 한명숙에게 사내는 삶의 역동적인 현장을 이끄는 동력이며 속절없이 나이 들어가는 우울한 초상이지만 사내는 부재하는 현존이어서 고통이며, 현존하는 부재이어서 환희이다.

한명숙에게 칼날은 세상 모든 예각의 힘에 대한 환유이며 소통불능에 대한 거침 없는 일격이다. 그러므로 한명숙은 칼날을 통해서 세상을 뚫고 지나가고 칼날을 주파수로 세상과 소통하는 것이다.

뭉툭한 숫돌 비스듬히 뉘이고
왼손잡이 사내가 칼을 갈고 있다
칼자루 잡은 왼손
칼끝 잡은 오른손
마주 보는 둘의 적당한 거리가 팽팽하다
오르락내리락,
제 살 깎아내며
헤쳐 나가는 길목이 훤하다

칼날 파랗게 번쩍이는 순간
제 살 깎인 줄 모르는 숫돌
마당 홍건히 쇳내를 토해낸다
사내의 이마에 흐르는 땀
바짝 여문 햇살 붉은 빛으로 세우고
칼날에 반듯하게 썰린
시간의 그물을 빠져나가
생의 나이를 쥐었다 편다

—「풍경」 전문

왼손잡이 칼 가는 사내는 왼손과 오른손의 팽팽한 긴장 속에 그의 생이 놓인다는 것을 알아서 시간을 썰고 시간의 그물을 빠져나가 그의 생을 만나는 것이다. 칼은 사뭇 비장한 사내의 결의를 상징하기도 하며 사내가 겪어내야 할 투쟁을 상징하기도 한다. 그런가 하면 '생의 나이를 쥐었다 펴' 는 행동으로 보아 자신의 삶을 유기한 데 대한 징계와 그에 따른 고통으로 읽히기도 한다. 사내의 왼손잡이는 정당한 질서에 대한 도전이며 전복이기도 하지만 중심에서 멀리 떨어진 변방에서의 누추한 삶에 대한 연민으로 읽히기도 하는 것이다.

날 선 칼은 욕망 위에 세워진 신화의 헛된 기원에 대한 아름다운 증거를 숨기고 있는 시편들을 심판하기 위해서 단 한 번 푸른 하늘을 가를 것이지만 심판은 시인 자신에 대한 징계이며 고통스런 승화의 제단에 바쳐지는 헌사일 것이다.

칼은 제 살을 깎아내는 힘겨운 연마를 거쳐 비로소 '헤쳐 나갈 길' 이 보이는 것이다. 칼이 무디면 칼이 아니고 의식이 무디면 의식이 아니다. 무딘 칼로 세상을 자를 수 없는 것처럼 무딘 의식으로 세상을 읽을 수 없는 것이다. 그러나 「풍경」은 여기서 칼만을 보여주지는 않는다. 연마 도구인 뭉툭한 숫돌을 전경화한 시인은 칼날에 버금할 만큼 숫돌의 상징적 의미를 짚어나간다. 숫돌은 정말 제살 깎이는 줄 모르고 칼날을 받았을까. 아니다. 숫돌은 제 살을 먹여 세우는 칼날의 예리한 미래를 꿈꾸고 있는 것이다. 숫돌은 묵묵한 인내의 상징이다. 숫돌이 토해내는 쇳내는 칼에 대한 봉헌이며 시퍼렇게 벼려진 칼날에 대한 찬사일 것이다. 그리고 스스로를 마모시켜가며 세운 칼날의 새로운 역사에 대한 상찬일 것이다.

시인은 칼날과 숫돌의 이와 같은 사용관계 속에 내밀하게 기획된 사내의 삶을 말하고 싶었는지도 모른다. 사내가 '바짝 여문 햇살 붉은 빛으로 세우' 는 것으로 보아 이제 돌아가야 할 시간이 얼마 남지 않은 것을 본다. 마침내 사내의 대지는 조용히 어둠을 품을 것이며 칼날의 노역과 비탄도 품어 묻을 것이다. 사내가 시간의 그물을 빠져나갔다고는 하지만 소멸하는 미래의 시간 위에 서서 생의 나이를 뒤돌아보는 것이다. 사내는 이미 칼날의 슬픔을 알았던 것이다.

날을 세우는 사내는 또 있다. 그 사내는 '허공에 길을 내고 있는 사내(「밧줄」)' 이다. 사내는 허공에 길을 내고 그 길을 밟아 공중 이동하면서 도시의 빌딩숲 유리를 닦고 있는 것이다.

전생에 줄 타는 어름사니였나
건물을 집어 삼킬 듯 바람이 분다
허공에 길을 내고 있는 사내
대답 없는 이력서를 들고 계단 오른다
뿌리째 뽑힌 전봇대가 되어버린 사내
흥정은 가파르다

사내의 하루 번득이는 칼날처럼
날을 세우고 앞만 보고 달렸다
건물과 건물 사이
뜨거운 입김 토하며

시큼하게 채우던 땀방울
손끝이 스쳐간 유리창
세상 허기도 분기도 다 지우고
시퍼런 칼날 숨기듯
출렁,
밧줄이 내려온다
사내의 목덜미 시퍼렇게 힘줄이 돋는다

―「밧줄」 전문

유리창 청소를 직업으로 하루하루 밧줄을 내리며 밧줄에 목숨을 담보하는 사내의 노역은 위태로워 칼날 위에서의 춤이며 장단이다. 이 시의 지배소가 시퍼런 칼날인 것은 그 노역의 위태로움 때문일 것이며 위태로움은 삶의 본질이어서 사내의 하루하루는 시퍼런 칼날 위를 걷는 노심초사이며 전율이며 경탄인 것이다.

사내가 '번뜩이는 칼날처럼/날을 세우고 앞만 보고 달' 린 것은 그의 생이 '뿌리째 뽑힌 전봇대' 였으며 '대답 없는 이력서' 였기 때문이다. '건물을 집어 삼킬 듯 바람이 분' 다고 노역을 멈출 수 없는 그의 생은 풍전등화이거나 혹은 질풍노도일 수밖에 없겠지만 사내는 하늘 정원에서 해맑게 닦여진 유리창을 보며 세상 허기도 분기도 다 지우는 것이다. '시퍼런 칼날 숨기듯/출렁,/밧줄이 내려' 올 때 그 밧줄은 새로운 허공의 이정표이며 허공을 채우는 몸의 뜨거운 운신이어서 '목덜미 시퍼렇게 힘줄이 돋는' 것이다. 그러므로 사내의 도전은 언제나 생명의 도약이어서 힘찬 전진 위에 놓인다.

'사내와 칼날'을 통한 삶의 징표는 이밖에도 여러 시편에서 드러난다. 공사판 일용 노동자로 벽돌 쌓는 일을 하고 있는 사내는 '헝클어진 각목 사이를 지나다/못을 밟았을 때도/사내는 일손을 멈추지 못했(「공사장」)'으며 '낮달처럼 핏기 없는 사내를 기다리는/아들의 투명한 웃음' 때문에 벽돌 쌓는 일을 멈추지 못하는 사내가 '쌓아올린 벽돌이 울음을 삼'키는 것이다. 그런가 하면 '가을볕 성큼 들어선 거실에서/중년의 사내와 마늘을' 까는 풍경 속에서의 사내는 칼날과 함께 시적 공간을 공유하고 '사내가 짊어진 생의 무게/스케이트 칼날 같은 현실에 찌든/사내의 시커먼 손톱(「지난 삶을 저울질하며」)'에 자꾸 시선이 닿는 화자가 있는 것이다. 도마 위에 올려지는 온갖 수모를 견디게 한 것이 '날카로운 칼날의 수고였(「도마」)'다고 고백하는 시편이 있는가 하면, 시장에서 목젖이 찢어지도록 외치는 상인들의 '칼날을 밟듯/생의 막다른 골목으로 몰린 그들이/물건을 들이대(「영등포시장」)'는 삶의 현장을 보기도 하는 것이다.

이처럼 사내는 칼날과 함께 있다. 사내가 칼날을 세우기도 하고 칼날을 휘두르기도 하며 칼날을 밟기도 하는 행위는 사제의 집전 같아서 경건하고 숙연하다.

한명숙 시의 또 다른 중심언어는 '꽃과 나무'이다. 시인에게는 세상의 꽃향기조차 '시든 풀잎 위로 떨어진 이슬처럼/손 내

미는 정체를 알 수 없(「향기」)' 고 '햇살에 물어봐도 모른다' 하는 것이지만 향기의 정체를 몰라 안타까워할 때 '넘어질 듯 뛰어와 안기는' 것이 향기인 것이다. 그것이 삶의 향기인 것은 분명하다. 삶이란 늘 안타까운 것이고, 삶이 늘 안타깝듯 꽃향기 또한 그러하여 안타까운 자리에 머물러 있는 사물들, 사람들은 '상심의 날들(「삼월이 간다」)' 을 불러온다. 그녀의 상심은 부재하는 현존에의 상심인 경우가 적지 않다. 상실감은 통증으로 온다. 그녀의 시가 통증으로 물들 때 슬픔은 시인의 손끝에서 찰랑인다.

네 안에 내가 있다고
금세 주먹만 한 눈물 쏟아 낼 듯
울먹이는 너를 보면서
믿을 수 없었다

보내지 않으려고,
집착 같은 투정이라고
애써 외면하고 떠나온 길
관곡지 연꽃 속에서 마주한다

얼마를 더 아파야
껍질을 뚫고 나온
저 황홀한 가시연꽃처럼
나를 사랑 할 수 있을까

여린듯 하면서도
단숨에 잡아채는 빛깔에 넋을 잃는다

-「가시연꽃」 전문

자신의 몸을 찢고 솟아올라 피어나는 가시연꽃은 그 자체로 환유이며 상징이다. 몸을 위해 몸을 찢는 것은 황홀한 파괴의 미학이며 비탄의 발화지점에 이른 폭발의 역학이다. 그녀는 자문한다. '얼마를 더 아파야/(……)/나를 사랑할 수 있을까' 통증은 자신을 사랑하지 못하는 데서 온다. 자신을 사랑할 수 없는 고통은, 자신을 증오하고 미워하는 고통은 가장 견디기 힘든 고통이어서 자학의 깊은 통증으로 온다. 자신의 몸으로 자신의 몸을 찢는 자학은 파괴의 숨 막히는 절정이며 정화의 시원이다. 그 정화의 시원에서 비로소 자신을 온전히 바라보고 자신의 모든 것을 알고 자신의 아름다움뿐 아니라 추악함까지도 사랑할 수 있는 것이다. 자기애의 완성은 그렇게 이루어지는 것이다. 가시연꽃에 투사된 시인의 서정적 자아는 비감하고 처절하다. 한명숙에게 불화하는 것들의 시작은 자기 자신이다. 불화는 자기 부정을 낳고 자기부정은 쓰리고 아린 내출혈을 거쳐 자기긍정의 성채에 이른다. 그것이 사랑이던 문학이던 결국 도착점은 하나이다. 비탄의 자기 파괴 과정을 거치면서 얻게 된 자신이 바로 자신인 것이다. 그렇게 확보한 세계가 진정한 그녀의 세계인 것이다.

한명숙의 시에서 가족은 애잔하고 아리다. '세상을 짊어지고 사는 동안/온몸에 두엄 냄새를 품고도 막걸리 한 사발에/한 가닥의 행복을 움켜쥐곤 했던 아버지(「아버지」)' 이고 '장마에/농사를 망친 아버지/사나흘 집을 비우셨다 돌아와/금강 갔었는데/너희들 얼굴 떠올라/차마 포기하지 못하겠노라던(「설운 목소리」)' 아버지였다. 그 아버지는 지금 '흙 속의 흙이 되고 있' 어 이승을 건너고 있는 시인에게 슬픔이고 위안이며 깨달음이 되는 것이다.

겨우내 외양간에는
황소가 벗어놓은
아버지의 세상이 뒹굴었다
펴지지 않는 조막손으로
가난한 삶을 지켜가는 세상이
두엄처럼 켜켜이 썩어갔다
졸음에 겨운 봄볕도 쇠스랑 소리
퀴퀴한 두엄을 퍼내는 동안
내내 아지랑이는 피어올랐다

세상을 짊어지고 사는 동안
온몸에 두엄 냄새를 품고도 막걸리 한 사발에
한 가닥의 행복을 움켜쥐곤 했던 아버지
기둥이 썩는 줄도 모르고
칠 남매는 나팔꽃처럼 줄기를 뻗었다

–「아버지」 부분

아버지는 나팔꽃처럼 줄기를 뻗어가는 칠 남매가 희망이었다. 아버지의 세상에 뒹굴고 있던 겨울의 외양간은 이미 황소가 떠난 허전한 공간이며 노동력을 상실한 현실의 두려운 공간이다. 황소는 아버지의 힘이었으며 대지였으며 내일이었을 것이지만 황소가 없는 외양간은 조막손으로 헤쳐 가는 험난한 세상을 상징한다. 그 조막손으로 퍼내는 두엄 위로 아지랑이는 피어올라 더욱 서러운 봄날이었을 아버지는 지금은 지하에서 흙과의 경계를 허물고 있는 중이다. 대지가 희망이었던 아버지의 소박한 삶이 안타까움으로 남아 있는 시편에는 「오창을 지나며」와 「설운 목소리」 등이 있다.

> 목령산에 눈발 날리면 세상은 온통 꿈속 같았지요 당신의 기침 소리 새벽을 가르면 마차는 달렸지요 지금도 겨울이면 어디선가 달려올 듯한 당신의 목소리와 마차 소리가 마냥 그리워집니다 남은 잠을 붙잡고 이불깃 들어 올리던 어린 제게도 유리알처럼 미끄러운 길 위를 달리는 당신의 아침이 내내 걱정스럽던 골목길,
>
> -「오창을 지나며」 부분

> 얼어붙은 강을 본다
> 어디로 흘러가는지
> 알 수 없는 세상
> 푸른빛 속내를 드러내고 있다
> 장마에

농사를 망친 아버지
사나흘 집을 비우셨다 돌아와
금강에 갔었는데
너희들 얼굴 떠올라
 차마 포기하지 못하겠노라던
설운 목소리가 얼음장 속 어딘가
숨어 있는 것 같아
살갗 파고드는 추위도 감각이 없다

–「설운 목소리」 부분

서정적이고 목가적인 산 이름, 목령산은 음가에서 오는 울림이 마치 방울 소리를 연상케 한다. 그 목령산에 눈발 날리면 세상이 온통 꿈속 같았던 유년의 기억 속에 아버지는 살아 있다. 마치 목령산 고개 마루를 달려오는 아버지의 마차 소리와 마차를 끄는 황소의 목에 걸려 있는 방울소리가 점점 가까이 들리는 듯 여운이 남는다. 그 여운은 아버지의 잔영과 닿아 그리움의 애잔한 물결을 이루는 것이다. 시인에게 아버지는 목소리로 남아 있다. 「설운 목소리」는 아버지의 목소리이다. 폐농의 끝에 생을 마감키로 했던 아버지는 금강을 생각했고 금강의 물길을 보았을 터이고 유유히 흐르는 금강 물길에 어리는 어린 자식들을 생각했을 것이다. 빈농의 전형적인 아버지가 목소리로 남아 있다는 것은 아버지의 신성성 때문이다. 유년의 기억 속에 아버지는 불가침의 영역이며 예언자이며 영웅이며 신전이었던 것이고 이와 같은 유년의 지배적인 기억 속에서 아버지의 목소리는 부름의 원형이었고 아버지에게로 드는 통로였을 것이어서 아버지는 신화적 목소리로 치환되는 것이다.

한명숙의 시가 리얼리티를 획득하는 자리에 놓이면 감동이 넘친다. 「훈이 엄마」가 놓인 자리가 그렇다.

내가 미쳤지 미쳤어 마누라보다
술을 더 좋아하는 빌어먹을 인간
이년의 팔자 닮을까 무서워
딸을 낳으면 엎어놓을까 했지

방망이질 멈출 날 없는 훈이 엄마
북어대가리 두들겨 북엇국 끓이는 냄새
소문처럼 퍼져나갔다
…중략…
야야, 지난 해 훈이 아베가 죽었다
불쌍한 훈이 엄마 어디서 살고 있는지,
펄펄 끓는 개장 벌건 국물 위로
둥둥 뜨는 훈이 엄마 방망이소리
아련한 기억 속에 서 있다

—「훈이 엄마」 부분

훈이 엄마는 이 땅의 모든 엄마이기도 하다. 골칫덩이 남편은 이 땅의 모든 남편이기도 하다. 그 지어미와 지아비를 이처럼 생생하게 그려낸 것은 한명숙의 능력이다. 아련한 기억이라고는 하지만 모든 아내들의 생활이기도 할 것이어서 이 시편이 울림이 큰 것이다.

한명숙 시세계가 앞으로 얼마나 더 거대해지는가는 이와 같은 리얼리티를 얼마나 더 건강하게 살리는가에 달렸을 것이다. 수필가로 생활의 소소한 아름다움을 곡진하게 그려내던 한명숙의 이번 시집은 또 다른 도전이며 선언이다. 한명숙의 시세계가 앞으로 더욱 깊고 커지기를 기대한다.